Celebremos las fechas patrias

Día del Presidente

Aaron Carr

AV² BY WEIGL

Visita nuestro sitio **www.av2books.com** e ingresa el código único del libro.
Go to www.av2books.com, and enter this book's unique code.

CÓDIGO DEL LIBRO
BOOK CODE

D 4 8 7 8 6 6

AV² de Weigl te ofrece enriquecidos libros electrónicos que favorecen el aprendizaje activo. AV² by Weigl brings you media enhanced books that support active learning.

El enriquecido libro electrónico AV² te ofrece una experiencia bilingüe completa entre el inglés y el español para aprender el vocabulario de los dos idiomas.

This AV² media enhanced book gives you a fully bilingual experience between English and Spanish to learn the vocabulary of both languages.

Spanish

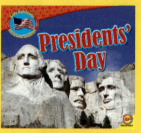

English

Navegación bilingüe AV²
AV² Bilingual Navigation

OPCIÓN DE IDIOMA
LANGUAGE TOGGLE

CAMBIAR LA PÁGINA
PAGE TURNING

CERRAR CLOSE

INICIO HOME

VISTA PRELIMINAR PAGE PREVIEW

2

Día del Presidente

ÍNDICE

3

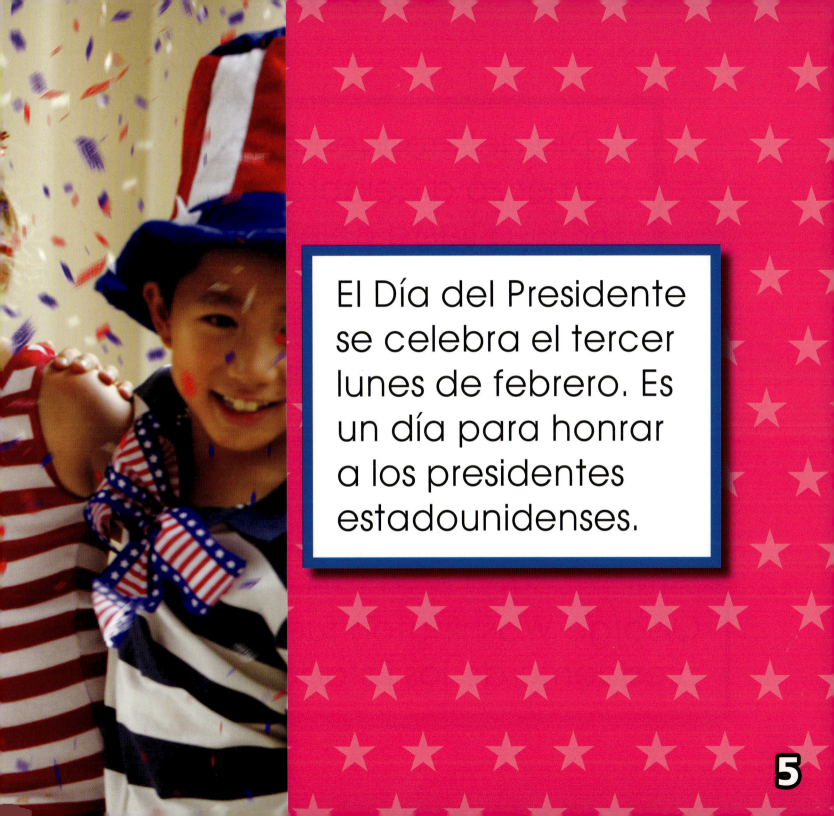

El Día del Presidente se celebra el tercer lunes de febrero. Es un día para honrar a los presidentes estadounidenses.

El Día del Presidente se comenzó a celebrar en 1885. La fiesta celebraba el cumpleaños de George Washington.

George Washington fue el primer presidente de los Estados Unidos.

8

Actualmente, el Día del Presidente honra también a Abraham Lincoln, que fue otro presidente famoso de los Estados Unidos.

El cumpleaños de Lincoln se incorporó al Día del Presidente en 1968.

Las celebraciones por el Día del Presidente se realizan en todo el país. La gente lee libros, ve películas y canta canciones sobre los presidentes estadounidenses.

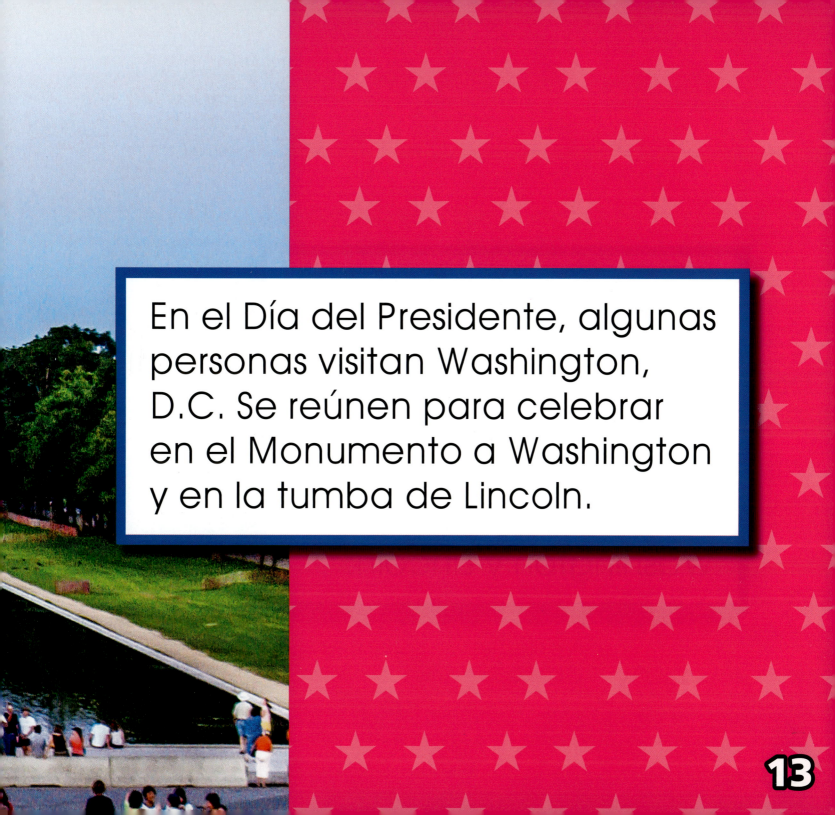

En el Día del Presidente, algunas personas visitan Washington, D.C. Se reúnen para celebrar en el Monumento a Washington y en la tumba de Lincoln.

Es un día para aprender sobre los presidentes estadounidenses.
Se realizan eventos especiales para enseñar a la gente sobre Washington y Lincoln.

El Día del Presidente es también un día de desfiles. Muchas de las carrozas llevan los colores rojo, blanco y azul.

El rojo, el blanco y el azul son los colores de la bandera estadounidense.

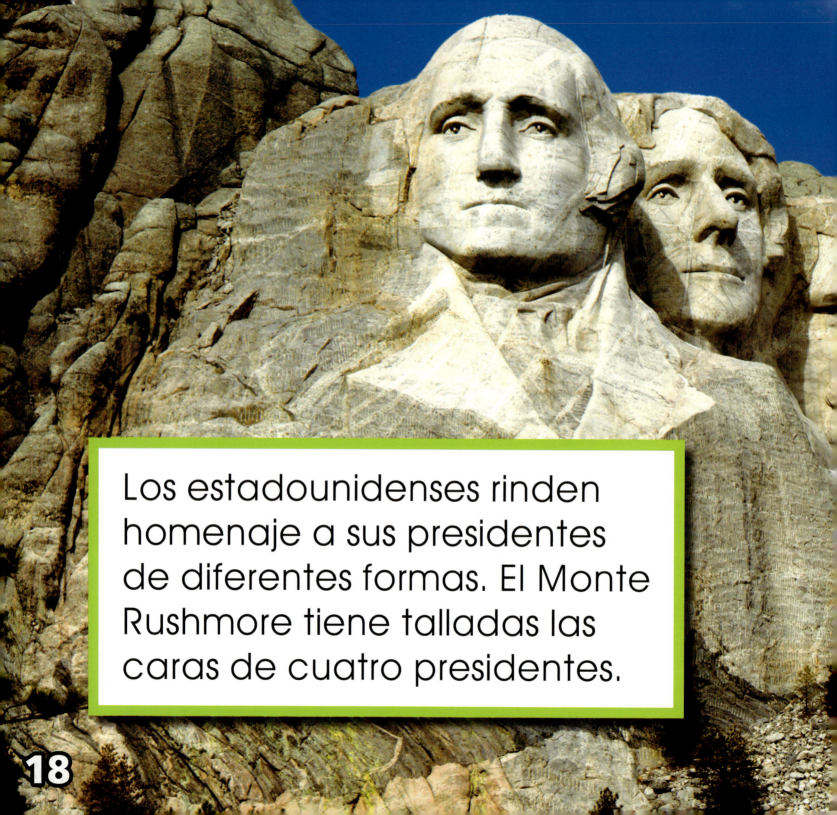

Los estadounidenses rinden homenaje a sus presidentes de diferentes formas. El Monte Rushmore tiene talladas las caras de cuatro presidentes.

18

Se necesitaron 400 personas y 14 años para tallar el Monte Rushmore.

19

El Día del Presidente es un día para revivir el pasado. La gente hace representaciones artísticas sobre diferentes hechos de la historia.

La gente se viste de Abraham Lincoln u otros presidentes.

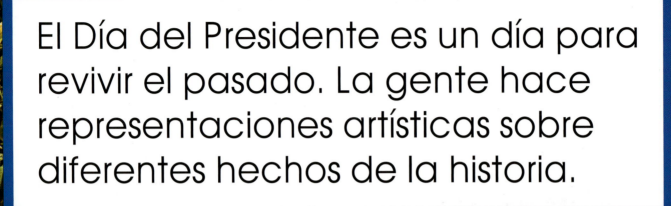

DATOS SOBRE EL DÍA DEL PRESIDENTE

Estas páginas contienen más detalles sobre los interesantes datos de este libro. Están dirigidas a los adultos, como soporte, para que ayuden a los jóvenes lectores a redondear sus conocimientos sobre cada celebración presentada en la serie *Celebremos las fechas patrias*.

Páginas 4–5

El Día del Presidente se celebra el tercer lunes de febrero. Se lo conoce oficialmente como el Cumpleaños de Washington, pero se ha convertido en una celebración de todos los presidentes estadounidenses. Fue la primera fiesta patria en rendir honor a una sola persona. En 1968, la gente comenzó a llamarlo el Día del Presidente.

Páginas 6–7

El Día del Presidente se comenzó a celebrar en 1885. Washington nació el 22 de febrero de 1732. Lideró el ejército estadounidense en la Guerra Revolucionaria contra los británicos y fue elegido presidente después de que Estados Unidos se convirtiera en un país libre. En 1879, su fecha de cumpleaños fue declarada día festivo en Washington, D.C. Seis años más tarde, pasó a ser un día festivo para todos los Estados Unidos.

Páginas 8–9

Actualmente, el Día del Presidente honra también a Abraham Lincoln. Lincoln nació el 12 de febrero de 1809. Fue elegido presidente en 1861. Al igual que George Washington, ayudó a liberar a los pueblos. Lincoln mantuvo al país unido durante la Guerra Civil y dictó la Proclamación de Emancipación para poner fin a la esclavitud. Antes de ser incluido en el Día del Presidente, su fecha de cumpleaños ya era un día festivo en algunos estados.

Páginas 10–11

Las celebraciones por el Día del Presidente se realizan en todo el país. Algunas personas leen libros de historia o ven películas de los presidentes dando famosos discursos. Si bien el Día del Presidente es una fiesta patria federal, algunos estados lo celebran en forma diferente. Una de las festividades más grandes por el Día del Presidente se realiza en Laredo, Texas. La gente celebra el cumpleaños de Washington con un baile formal, fuegos artificiales, desfiles y música en vivo.

En el Día del Presidente, algunas personas visitan Washington, D.C. En los monumentos y lugares históricos, se realizan eventos especiales para rendir homenaje a los presidentes. Los presidentes estadounidenses viven y trabajan en la Casa Blanca, donde se pueden hacer visitas para aprender más sobre la historia del edificio y los presidentes.

Es un día para aprender sobre los presidentes estadounidenses. Las escuelas dan clases especiales por el Día del Presidente y mucha gente lee sobre los presidentes. En la casa de George Washington, en el Monte Vernon, se realizan eventos para que la gente se interiorice sobre la vida de Washington. En el Simposio de Lincoln, en Springfield, Illinois, se enseña sobre la vida de Lincoln y su influencia en el país.

El Día del Presidente es también un día de desfiles. En ellos suele haber carrozas cubiertas con los colores patrióticos rojo, blanco y azul. El desfile de Alexandria, Virginia, es el desfile más grande de este tipo. Tiene carrozas, carros, caballos, bandas, grupos juveniles y grupos que realizan recreaciones de hechos históricos. En Filadelfia e Illinois también se realizan grandes desfiles.

Los estadounidenses rinden homenaje a sus presidentes de diferentes formas. Las caras de cuatro presidentes están talladas en el Monte Rushmore, en las Colinas Negras de Dakota del Sur. Son las caras de George Washington, Thomas Jefferson, Theodore Roosevelt y Abraham Lincoln. Miden 60 pies (18 metros) de alto por 185 pies (56 m) de ancho.

El Día del Presidente es un día para revivir el pasado. Algunas personas disfrutan participando en la recreación de hechos históricos. La gente se viste con trajes históricos y utiliza objetos de utilería para representar escenas famosas de la historia. En el Museo de Fort Ward de Alexandria, Virginia, y en el pueblo de Lincoln, Kansas, se realizan grandes eventos con representaciones históricas.

¡Visita www.av2books.com para disfrutar de tu libro interactivo de inglés y español!

Check out www.av2books.com for your interactive English and Spanish ebook!

1 **Entra en www.av2books.com**
Go to www.av2books.com

2 **Ingresa tu código**
Enter book code

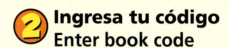

D 4 8 7 8 6 6

3 **¡Alimenta tu imaginación en línea!**
Fuel your imagination online!

www.av2books.com

Published by AV² by Weigl
350 5th Avenue, 59th Floor New York, NY 10118
Website: www.av2books.com   www.weigl.com

Library of Congress Control Number: 2014949695

ISBN 978-1-4896-2679-0 (hardcover)
ISBN 978-1-4896-2680-6 (single-user eBook)
ISBN 978-1-4896-2681-3 (multi-user eBook)

Printed in the United States of America in North Mankato, Minnesota
1 2 3 4 5 6 7 8 9 0 18 17 16 15 14

112014
WEP020914

Project Coordinator: Jared Siemens
Spanish Editor: Translation Cloud LLC
Design and Layout: Ana María Vidal

Weigl acknowledges Getty Images as the primary image supplier for this title.